行事が盛り上がる！

山ちゃんの楽しいボディパーカッション

◆山田俊之◆

音楽之友社

はじめに

「ボディパーカッション教育」が、どうして生まれたか知っていますか？

きっかけは、担任として受け持った小学校4年生の男子児童（Aくん）でした。Aくんはきつく叱ると教室から出て行き、運動場を逃げ回ります。私と1時間ほど学校中を走り回ったり、午前中はずっとAくんの手をにぎりながら授業を行っていたりしたときもありました。しかし、興奮が静まると何ごともなかったようにしているのです。

当時、私は「勉強が苦手で運動も苦手な子どもは、どこで自分の存在価値を見つけるのだろう？」と悩んでいました。Aくんは、まさに発達障害傾向もしくはグレーゾーンに当てはまる児童でした。

朝の職員連絡会のときに「Aくんが暴れています！　先生早く来てください」と女子児童が金切り声を上げ、叫んで職員室に入ってきました。慌てて階段を駆け上がり、ドアを開けて教室を見渡すと、教室の中央に立っているAくん。そのAくんを囲むように遠巻きに見ている子どもたち。一人の女の子が教室の隅で泣いており、未だAくんは肩で息をして興奮状態が続いている……このようなことが頻繁に起こっていました。

そんな日が続いていたある日、音楽の時間もなかなか集中できず、歌や合奏にも興味を示さなかったAくんが、給食準備中の校内放送で流れていたリズミカルにアレンジされたクラシック曲に合わせて手でリズムを取っていたのです。そのとき、手拍子を中心にしたリズム身体活動を使ってAくんも参加できる楽しい授業をやってみようと考えました。

それが現在『教育音楽』で連載させていただいている「山ちゃんの楽しいリズムスクール」シリーズです。10分〜15分程度で簡単にできる活動を、朝の会や帰りの会、学級活動、音楽の授業などで取り入れました。次第にAくんは落ち着きを取り戻し、他教科の授業にも少しずつ参加する姿勢を見せるようになりました。

それから約20年の間に小学校（通常学級・特別支援学級）、特別支援学校（知的障害・聴覚障害など）、公的不登校支援施設（適応指導教室）で授業を行う機会に恵まれ、全ての子どもたちが楽しんでくれました。

本書は、これまでの連載の中でも、特に行事が盛り上がるような楽しい楽曲を中心に掲載しています。「クラシックでボディパ」「アニメソングでボディパ」「オリジナル曲でボディパ」の3章に分かれており、「ボディパでアイスブレイク」を加えてさまざまなタイプのボディパーカッションが楽しめるようになっています。私が子どもたちと一緒にやってきたこれまでの活動のダイジェスト版のような内容です。ハンディキャップがあっても全ての子どもたちが楽しめる「インクルーシブ教育教材」としても活用していただきたいと思います。

子どもがつらいことは、クラスの仲間から認めてもらえず、疎外感を味わうことです。クラスやグループの子どもたちが一つになって、所属感や仲間意識を持ち、みんなで一緒に達成感や感動まで味わえるボディパーカッション活動をしていただけることを心から願っています。

目次 Contents

基本の動き〜演奏してみよう！〜

手拍子①
胸の高さで元気よく打ちます。シンバルを鳴らすように動作を大きくすると、より見栄えが良くなります。

手拍子②
★マークがあるところは、手拍子を打った後、「バーン!!」と花火が打ち上がるように両手を広げます。演奏がより華やかに見えます。

足踏み
お腹の辺りまで上げて下ろします。Rは右足、Lは左足で足踏みをします。※

膝をたたく
両手で膝上の太ももの辺りをたたきます。Rは右手で右膝、Lは左手で左膝をたたきます。※

お腹をたたく
両手でお腹をたたきます。Rは右手で右腹、Lは左手で左腹をたたきます。※

お尻をたたく
両手でお尻をたたきます。Rは右手で右尻、Lは左手で左尻をたたきます。※

胸をたたく

両手で胸をたたきます。胸の中央ではなく、肩の近くを軽くたたくと痛くありません。R は右手で右胸、L は左手で左胸をたたきます。

肩をたたく

両手を胸の前で交差して両肩をたたきます。

すねをたたく

両手ですねをたたきます。R は右手で右すね、L は左手で左すねをたたきます。※

ウェーブ

「胸をたたく→お腹をたたく→膝をたたく→すねをたたく→膝をたたく→お腹をたたく→胸をたたく」という一連の動作を流れるように行うことで、波打っているかのように見える奏法です。本書では上記の部位が登場しますが、慣れてきたら違う部位から始めても楽しいでしょう。

※R・L 等の指示通りに必ず合わせる必要はありませんが、大人数で演奏するときは、可能な限りそろえるとより演奏がかっこよく見えます。

ボディパーカッションの心得

　歌や楽器が苦手でも、楽譜が読めなくても、みんなで楽しく音楽活動できるのがボディパーカッションです。

　子どもたちには上手な演奏を求めるのではなく、あくまでも一人一人が楽しく気持ちよく演奏できるように、心に余裕を持って指導してください。

♪ 楽譜通りに上手に演奏できなくても、曲の流れに乗って体を動かしているだけでOKです。

♪ 周りの子とリズムがずれても気にしないよう、楽しく演奏させてください。ずれた音も大切な装飾音符です。

♪ 支援を必要とする子どもたちも含め、リズムやたたく部位など細かいことは気にせず、まずはボディパーカッションを楽しむことを優先させてください。

♪ 演奏する体の部位を指定していますが、無理はさせず、手拍子や足踏みなど簡単に演奏できる部分から参加させてください。

みんなが知ってる
クラシックで
ボディパ

第1章

ハンガリー舞曲第5番

お = 両手でお腹をたたく　手 = 手拍子
ひ = 両手で両膝をたたく（Rは右手で右膝、Lは左手で左膝）
足 = 足踏み（Rは右足、Lは左足）

ブラームス　作曲
山田俊之　編曲

ハンガリー舞曲第5番

 **演奏指導について**

1 全員で同じリズムを演奏します。テンポが速くなったり、遅くなったりとさまざまに変化しますので、最初は旋律と合わせず、練習番号ごとにリズムだけ取り出して練習しましょう。

Ａ 16小節で一つのリズムパターン。拍子を取るように演奏する。

Ｂ 16小節で一つのリズムパターンを手拍子のみで演奏。一つ一つの音がはっきりと分かるように元気よく。スタッカートやアクセントなどのアーティキュレーションが付いている小節は、旋律をよく聴いて合わせて打つ。9小節の *poco rit.*（少しだんだん遅く）から、それまでの勢いのある手拍子とは異なり、そっと丁寧に演奏する。13小節の *a tempo*（もとの速さで）でテンポが再び速くなるので注意。

Ｃ 足踏みをしながら手拍子を打つ3小節で一つのリズムパターン。3小節目の手拍子のアクセントは、旋律と同じようにメリハリを付けて元気よく演奏する。

Ｄ 手拍子と膝をたたく4小節で一つのリズムパターン。*poco rit.* と *a tempo* を繰り返すテンポの緩急が激しい部分だが、旋律と同じリズムなので、よく聴きながら演奏する。♩ ♩ の手拍子は音が弾けないよう両手を押さえつけるように打つ。

Ending 終わりを意識しながら、旋律に合わせて大きな手拍子を打つ。

2 各練習番号のリズムパターンが演奏できるようになったら、テンポの遅い音源から合わせてみましょう。

 **ポイント**

● 元気いっぱいに楽しく踊るような気持ちで演奏させましょう。
● Ｃ は特に子どもたちが楽しめるところになると思います。足踏みだけでもそろえるとかっこよく見えます。
● Ｄ の膝をたたく動作は、駆け足をするようなイメージです。

剣の舞

演奏指導について

1️⃣ パートは難易度順に分かれていますので、子どもたちの状況に合わせて全体を2パートに分けてください。

　①パート：易しいバージョン　②パート：難しいバージョン

2️⃣ テンポがとても速いので、いきなり旋律と合わせるのではなく、練習番号ごとにリズムだけ取り出して練習しましょう。

A 7小節で一つのリズムパターン。**A**は2小節の短い演奏。3回目の**A**はリズムパターンを演奏した後、6・7小節のリズムを繰り返す。

①パート：拍子を取るように演奏する。2回目の**A**の1・2小節は♪ヶ♪ヶ♪とリズムが変わり、2拍目は裏拍を打つ。

②パート：テンポが速い中での♪♫♫♪♪♪♪は、右足の足踏みと手拍子の切り替えが難しいが、足踏みは1・3・4拍目と覚えておくと演奏しやすい。お腹をたたく16分音符は速くなり過ぎないように注意。2回目の**A**の1・2小節は♪♫♫♪♫♫♪♪とリズムが変化して打ちにくくなるので、右足の足踏みにアクセントを付けるように演奏する。

B 両パート共に膝のみの演奏。**A**から打って変わって優しく流れるような旋律に合わせて、静かにリズムを刻むイメージで膝をたたく。

C 一つ一つの音がはっきりと分かるように、アクセントやデクレシェンドなどに注意して旋律の強弱に合わせて演奏する。

D 旋律と合わせてだんだん音を弱くしていき、終わりに向けて突っ走らないように注意。最終小節は思わず強く手拍子を打ちたくなってしまうが、*pp*（とても弱く）なので注意。

ポイント

● ①パートは4分音符のリズムが多いので、余裕を持って演奏ができます。②パートはたたく部位が次々と変わるので切り替えが難しいですが、旋律と同じリズムが多く合わせやすいです。

● 参考映像を子どもたちに見せ、イメージをつかませてから指導するとスムーズにいきます。

● 最終小節は使用する音源に合わせて変えてもよいでしょう。

剣の舞

足 = 足踏み（R は右足、L は左足）
手 = 手拍子
お = 両手でお腹をたたく（R は右手で右腹、L は左手で左腹）
ひ = 両手で両膝をたたく（R は右手で右膝、L は左手で左膝）
す = 両手ですねをたたく（R は右手で右すね、L は左手で左すね）

ハチャトゥリアン　作曲
山田俊之　編曲

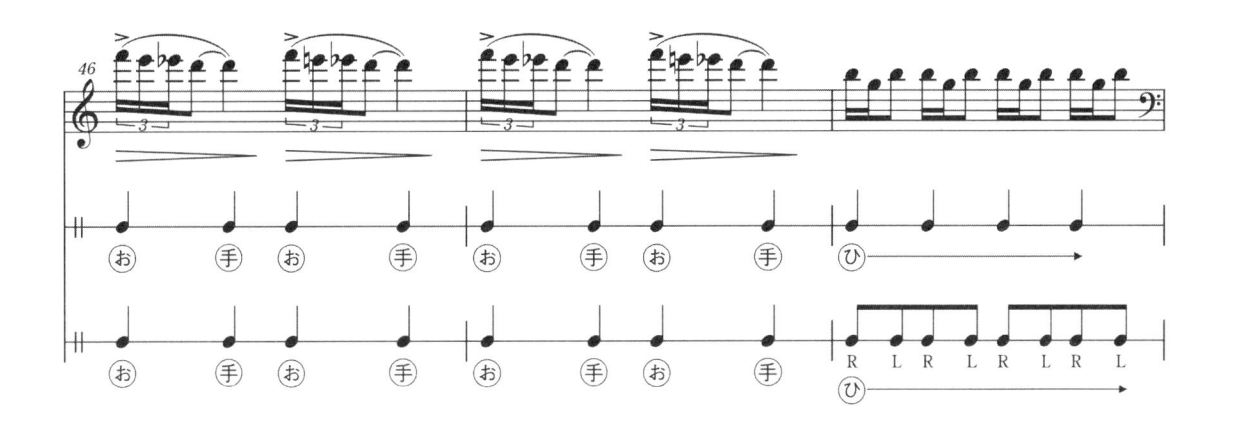

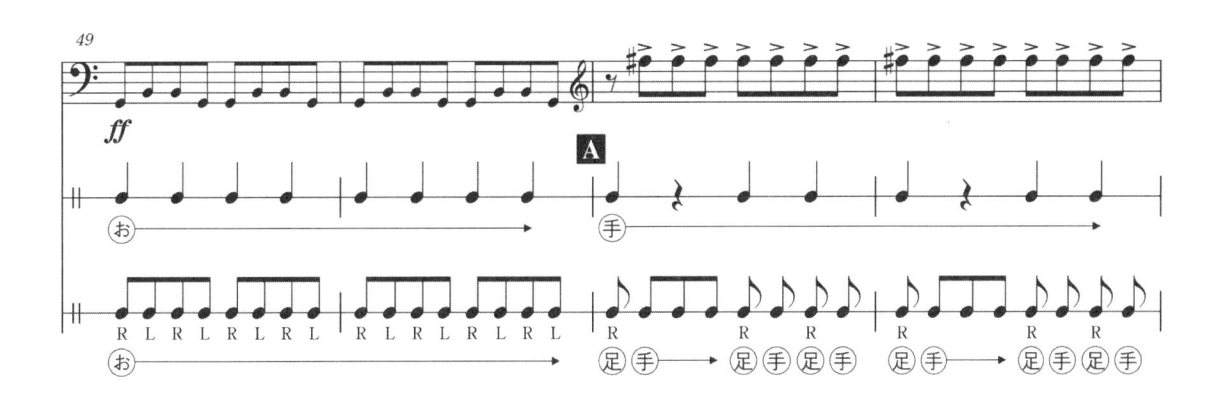

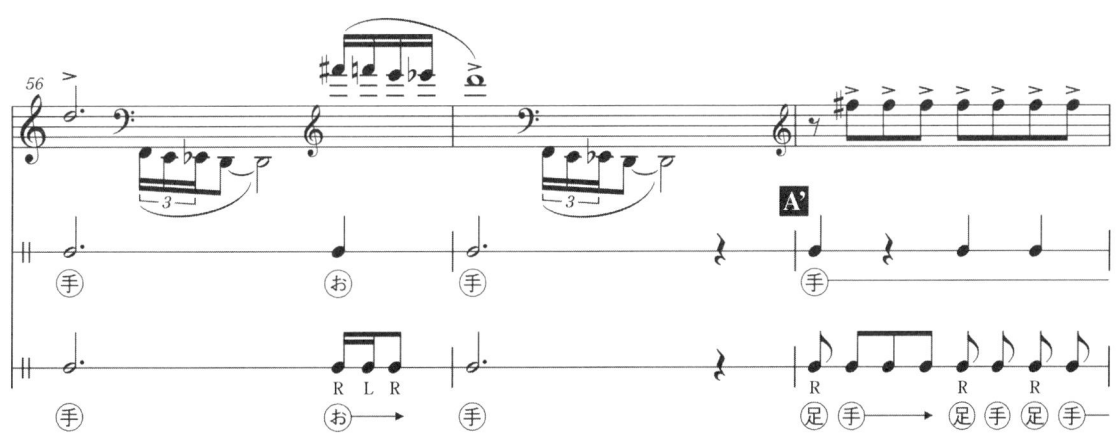

《くるみ割り人形》から

トレパーク

ひ = 両手で両膝をたたく（Rは右手で右膝、Lは左手で左膝）
手 = 手拍子　足 = 足踏み（Rは右足、Lは左足）
肩 = 両手を胸の前で交差して両肩をたたく
お = 両手でお腹をたたく

チャイコフスキー　作曲
山田俊之　編曲

Tempo di trepak, molto vivace

《くるみ割り人形》から『トレパーク』

演奏指導について

① パートは難易度順に分かれていますので、子どもたちの状況に合わせて全体を2パートに分けてください。

　①パート：易しいバージョン　②パート：難しいバージョン

② まず①パートで楽曲の構成を理解させてから、練習番号ごとに練習をしましょう。

Ⓐ 8小節で一つのリズムパターン。Ⓐは最初の4小節のみを演奏。

①パート：リズムを刻むように演奏する。足踏みは楽しそうに。

②パート：膝をたたく16分音符や右足の足踏みと手拍子を交互に打つ♪♪♪♪は、旋律につられて走らないように注意。

Ⓑ 両パートが同じリズムを演奏する4小節で一つのリズムパターン。拍子を取るように演奏する。

Ⓒ 両パートが同じリズムを手拍子のみで演奏。特に目立つ音の部分に手拍子が入っているので、旋律をよく聴いてタイミングを合わせる。

Ⓓ 5小節以降は *sempre fff*（つねに *ff* よりさらに強く）の表記通り、最後まで強く演奏する。13小節の *Prestissimo*（極めて速く）でテンポが変わるが、リズムが乱雑にならないよう気を付ける。

①パート：最終小節は手拍子のリズムが変わるので注意。

②パート：72・最終小節は手拍子のリズムが変わるので注意。

ポイント

●①パートは4分音符のリズムが多いので、余裕を持って演奏ができます。②パートはたたく部位が次々と変わるので切り替えが難しいですが、旋律と同じリズムが多く合わせやすいです。

●参考映像を子どもたちに見せ、イメージをつかませてから指導するとスムーズにいきます。

●Ⓓの3小節にある *stringendo* は「次第に速く」という意味です。ここからどんどん盛り上がり面白くなっていくので、可能な限りテンポを速くして演奏してみましょう。

●最後は旋律と一緒に「ピタッ！」と終わると達成感が増し、とても気持ちがいいです。ぜひ子どもたちにも体験させてあげてください。

《アルルの女》第2組曲から
ファランドール

ビゼー　作曲
山田俊之　編曲

足	= 足踏み（Rは右足、Lは左足）
手	= 手拍子
お	= 両手でお腹をたたく
ひ	= 両手で両膝をたたく

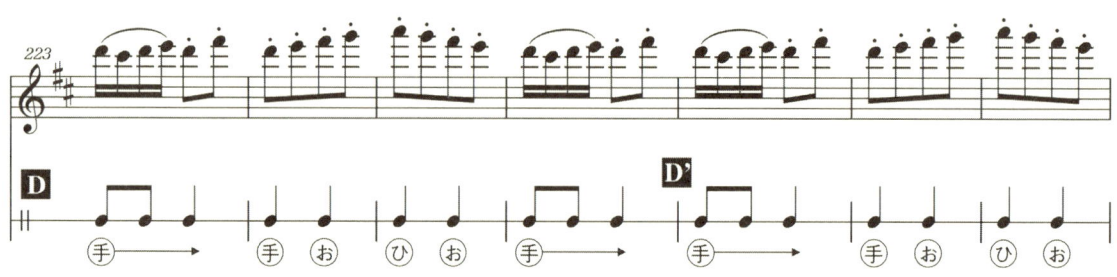

《アルルの女》第2組曲から『ファランドール』

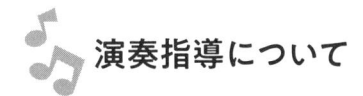 **演奏指導について**

① 基本的に全員が同じリズムを演奏しますが、172小節から2パートに分かれるので、前もってパート分けをしておきましょう。

② 練習番号が🄰〜🄶まであり、一見複雑そうに見えますが、何度も出てくる🄰〜🄓の四つのリズムパターンさえ押さえれば、大方演奏できるようになります。まずは四つのリズムパターンを練習しましょう。

🄰 2小節で一つのリズムパターン。堂々と、威厳がある感じで演奏する。

🄱 4小節で一つのリズムパターン。リズムを刻むように演奏する。4小節の手拍子は旋律が16分音符のときは♫ ♩、4分音符のときは♩ ♩に変化するので注意。

🄲 手拍子のみで演奏する4小節で一つのリズムパターン。2・4小節目はアクセントが付いているので注意。

🄳 4小節で一つのリズムパターン。🄳は、それまで一拍ずつたたいていたお腹や膝を♫ ♩のリズムで演奏するので注意。223小節から両パートが合流。2回目の🄳は4小節目を演奏しないので気を付ける。

🄴 全ての音符にスタッカートやアクセント付いているが、中でも174小節の手拍子と足踏みは特に力強く演奏する。

🄵 手拍子の迫力が出るように力強く足踏みを入れる。

🄶 テンポがかなり速くなっているので、走らないように気を付ける。最後の3小節の手拍子は、旋律のタイミングとよく合わせて演奏する。

③ 練習番号ごとにある程度演奏できるようになったら、先に2パートに分かれる172〜222小節を合わせてみましょう。①パートは🄰のリズムパターンを繰り返し、②パートは🄱と🄲を交互に繰り返します。

 **ポイント**

●最初は勇ましい感じで4拍子の主題が演奏された後、2拍子に変わって速い8分音符の舞曲が始まります。クライマックスは主題と舞曲が入り交じる感動的な盛り上がりになります。ボディパーカッションも旋律と合わせて2パートに分かれるので、難しく感じる子どももいるかもしれません。つられないように意識しながら、どちらのパートがより大きなボディパーカッションができるか楽しく競い合うように演奏すると、さらに盛り上がるでしょう。

Q & A ①

Q1

リズムがうまく取れなかったり、ずれてしまったりします。行事で発表するときは、なるべく全員の演奏をそろえたいのですが……。

A1

「リズムが取れない！」「リズムがずれる！」といったお悩みは、ワークショップを行った後によく出る質問です。

私は指導の際に、下記の３点に注意するようにしています。

【その１】……………………………………

いくつかのパートに分かれたボディパーカッション曲を演奏するときは、①パートを「基本のリズム」として設定しています。他のパートが①パートに合わせるように演奏することを心掛けると、一気に全体が合わせやすくなります。

【その２】……………………………………

大きなリズムの流れがほぼ合っていれば、「ずれた音は気にしない！」ことです。器楽合奏とは違い、ボディパーカッションの場合は、ずれた音は装飾音符として「深みのある音！」だと拡大解釈しています。「全員が完璧にリズムを合わせなくてはならない」という考えは、ボディパーカッションにはありません。これは、グレーゾーンの子どもたちを指導するときにも、重要なポイントになると思います。

【その３】……………………………………

子どもたちは必ずと言っていいほど、演奏に夢中になるとテンポが速くなります。それは、大人よりも興奮して演奏するからです。指導者は冷静な気持ちで子どもたちを指導できますが、演奏する子どもたちは楽しくなると、どうしても気持ちが高ぶって心拍数も上がります。これは、テンポが速くなることと少なからず関係があると思います。ですから、「子どものテンポが速くなるのは当たり前！」くらいの余裕を持って指導をされた方がよいと思います。

Q2

初めてボディパーカッションに挑戦しました。低学年の子どもたちは楽しそうに演奏してくれるのですが、中学年・高学年の子どもは恥ずかしがってあまり参加したがりません。どう指導したらいいでしょうか?

A2

指導者が気を付けなければならないのは、高学年の様子が客観的に見たら一見楽しくなさそうに見えても、実は内容自体はとても楽しい活動になっているときがあることです。

また、教師自身が「この活動は楽しい活動だ」と感じ、自らその楽しさをアピールしながら指導していくこともとても大切です。

ある小学校の高学年の児童を指導したときのことです。「山ちゃんでーす！」と元気よく自己紹介から始め、ボディパーカッションの楽しさを伝えようと私も楽しんで授業を行いました。

教師自身が「こんな活動楽しいのかな？」「高学年の子どもたちには無理かな？」などと思って指導すると、それが指導者の表情や態度にも現れます。

まずは自信を持って楽しんで指導することが大切だと思います。私の経験から、小学生だけでなく、中学生・高校生・大学生でも、教師自らが楽しそうに指導をすれば、楽しいと思ってもらえるはずです。

ぜひ、先生方も子どもたちと一緒に楽しんでください。

みんなが知ってる
アニメソングで
ボディパ

第2章

夢をかなえてドラえもん

夢をかなえてドラえもん

演奏指導について

①全員で同じリズムを演奏します。まず全体で合わせる前に、練習番号ごとに練習をしましょう。

Ａ 8小節で一つのリズムパターン。Ａ'の8小節目は♩♩♪♩から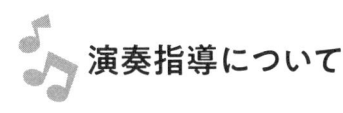にリズムが変わるので注意。

Ｂ 8小節で一つのリズムパターン。7・8小節目のリズムは旋律と同じなので、よく聴いて合わせる。Ｂ'では足踏みをしながらＢと同じ手拍子のリズムを演奏する。

Ｃ 4小節で一つのリズムパターン。Ｃの4小節目、2回目のＣの2・4小節目のリズムは ♩♩♩♩ から  に変化するので、テンポがずれないように注意。3回目のＣの4小節目は足踏みを止め、♩♪♪♩を手拍子のみで演奏する。

Ending 最終小節は手拍子を打った後、「パーン!!」と大きな声を出して花火を打ち上げるように両手を元気よく広げる。

ポイント

● 全体を通して弾ける感じで演奏しましょう。

● 歌いながらボディパーカッションを演奏する場合は、歌が歌えるようになってからボディパーカッションの練習に入りましょう。

● Ａの膝のたたき方は、ドラムセットをたたくようなイメージです（右手はシンバル、左手はスネアドラム）。

● ＡとＣに出てくる三連符のリズムがうまくたたけない場合は、拍頭の右手で右膝をたたく動作にアクセントを付けるように意識すると間違えにくくなります。

● ＢとＣ、Ｃはまず足踏みを練習した後に手拍子を重ねてください。足踏みはテンポに合わせて歩く感じです。また、最初はリズムや動作を間違えるかもしれませんが、足踏みでしっかりテンポを保つように指導してください。

勇気 100%

ひ ＝ 両手で両膝をたたく
手 ＝ 手拍子　　足 ＝ 足踏み（R は右足、L は左足）
お ＝ 両手でお腹をたたく

松井五郎　作詞
馬飼野康二　作曲
山田俊之　編曲

勇気100%

演奏指導について

[1] 全体を2パートに分けます。

[2] 歌が歌えるようになってからボディパーカッションの演奏に入りましょう。

[3] 歌とボディパーカッションがそれぞれできるようになったら、下記のように演奏をします。

	①パート	②パート
1番	歌	ボディパーカッション
2番	ボディパーカッション	歌
Bの弱起以降	歌＋ボディパーカッション	歌＋ボディパーカッション

A 8小節で一つのリズムパターン。手拍子の3拍目は裏拍を取るようにリズムに乗って演奏する。8小節目は、Aが♩♫⌐♪♩、Aが♩♩♫♩とリズムが変化するので注意。

B 8小節で一つのリズムパターン。左足の足踏みは裏拍を取るようにリズムに乗って演奏すると、右左を間違えにくくなる。8小節目の手拍子は掛け声と一緒に元気よく。Bの8小節目から手拍子のリズムが変わり、さらに2小節♩♩♫♫♩♩⌐を演奏する。

C 8小節で一つのリズムパターン。Cは8小節目のリズムが♩♩♩♩から♩♩♩♩に変わるので注意。

D 手拍子の3拍目は足踏みの裏拍を取るように意識すると演奏しやすい。Dは3小節目が♩♩♩♩、7小節目が♩♩♩♩と手拍子のリズムが全く異なるので注意。

Ending 最終小節は旋律に合わせて掛け声とともに手拍子を勢いよく鋭く打つ。

ポイント

● 元気いっぱいに演奏しましょう。

● 足踏みは歩くように、軽やかに演奏します。

● 4分音符のリズムは、拍を刻むような感じで演奏するともっとかっこよくなります。

となりのトトロ

演奏指導について

①全員で同じリズムを演奏します。まず全体で合わせる前に、練習番号ごとに練習をしましょう。

A 4小節で一つのリズムパターン。2小節目の手拍子は裏拍を歯切れ良く打つ。

B 歌に入る前に気持ちを高めるように元気よく足踏みをし、4小節目の手拍子のアクセントはメリハリを付けて演奏する。

C 4小節で一つのリズムパターン。左足の足踏みは裏拍を取るようにリズムに乗って演奏すると、右左を間違えにくくなる。**C**の3・4小節目の手拍子は ♩ ♪ ♩ ♩ ♪ にリズムが変わり、勢いよく鋭く打つ。

D 3〜5小節目の ♩ ♪ ♩ の手拍子は、旋律をよく聴いて勢いよく鋭く打つ。

E 1カッコは膝をたたいた後、歩くように足踏みをし、手拍子は足踏みの裏拍を取るように意識すると演奏しやすい。1カッコの最後は ♩ ♩ 、2カッコの最後は ♩ ♩ とリズムが全く異なるので注意。

ポイント

- ●歌いながらボディパーカッションを演奏する場合は、歌が歌えるようになってからボディパーカッションの練習に入りましょう。
- ●**A**のリズムパターンは繰り返し出てくるので、何度か練習してから曲と合わせるとスムーズにできます。
- ●*Repeat&F.O.* は「繰り返して次第に消える」の意味です。発表するときの場面に合わせてエンディングを変えるといいでしょう。

となりのトトロ

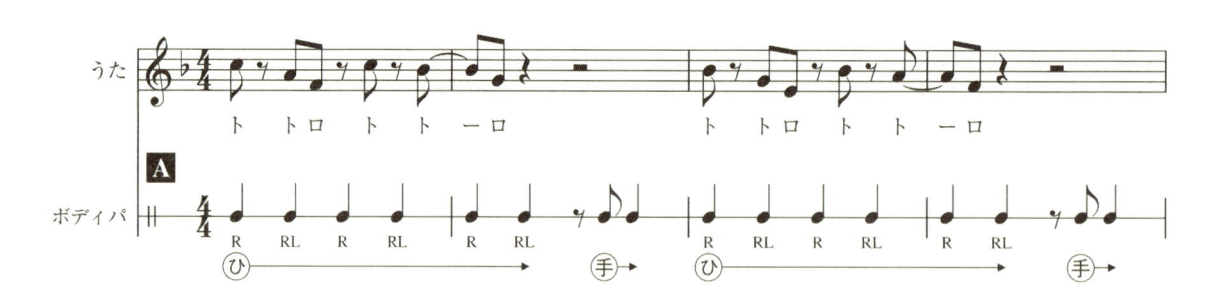
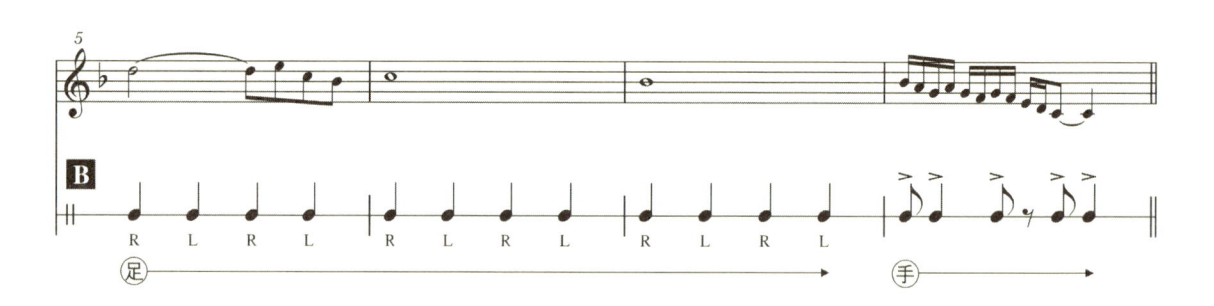
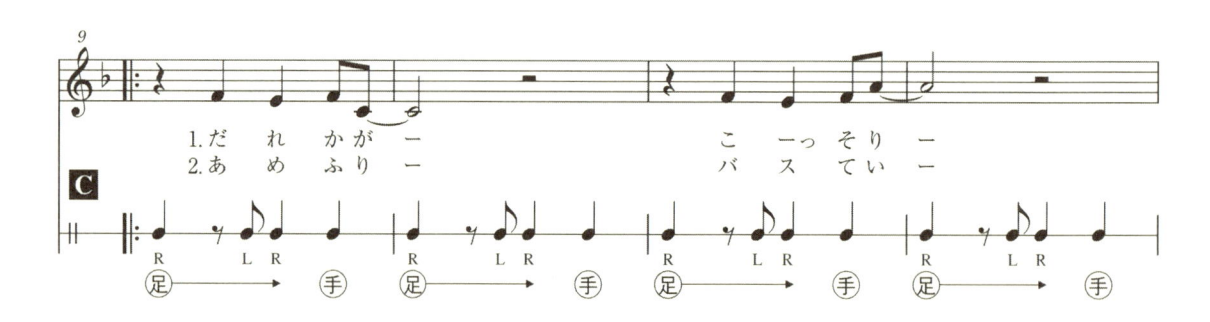

ひ = 両手で両膝をたたく（R は右手で右膝、L は左手で左膝）
手 = 手拍子　　足 = 足踏み（R は右足、L は左足）

宮崎　駿　作詞
久石　譲　作曲
山田俊之　編曲

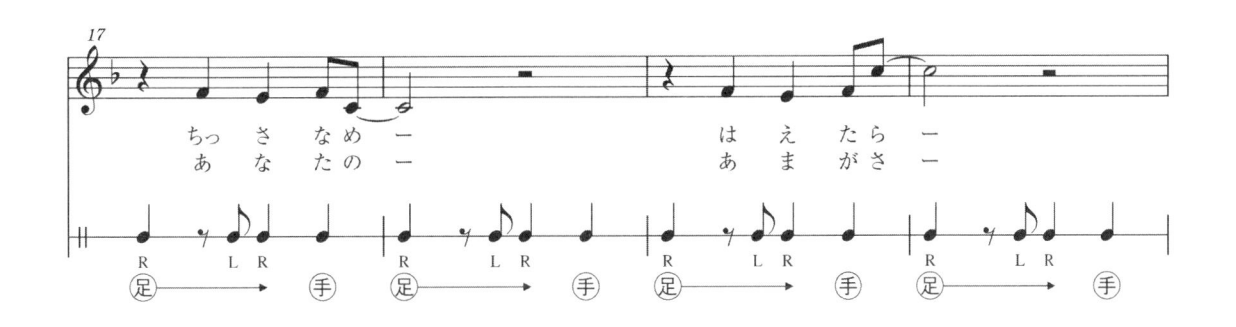

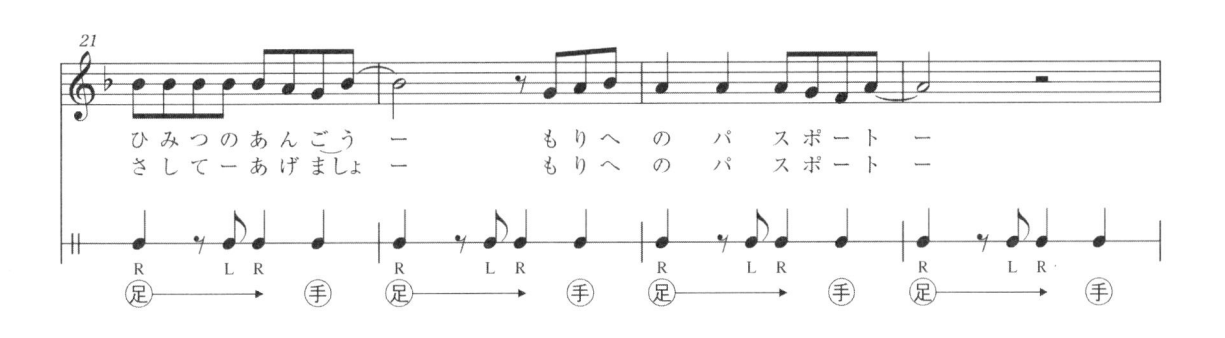

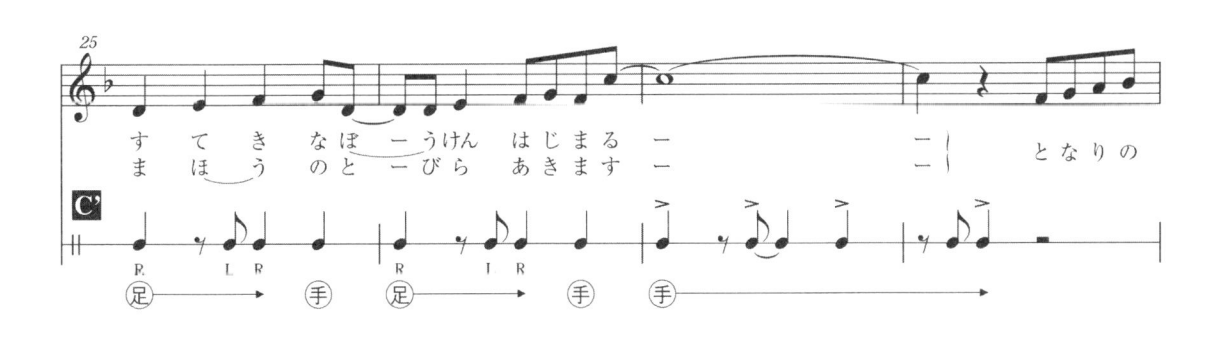

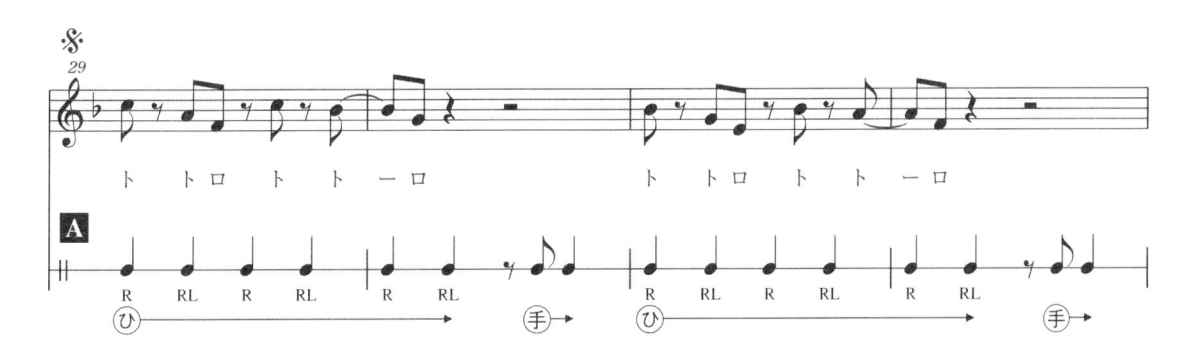

47

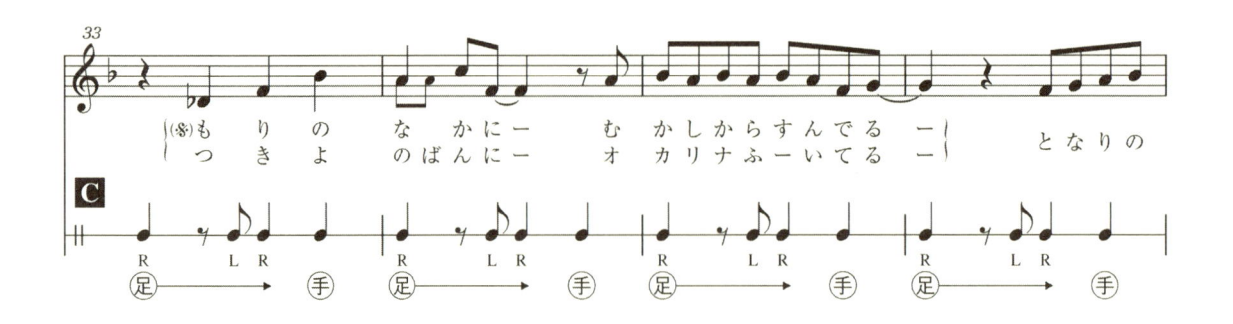

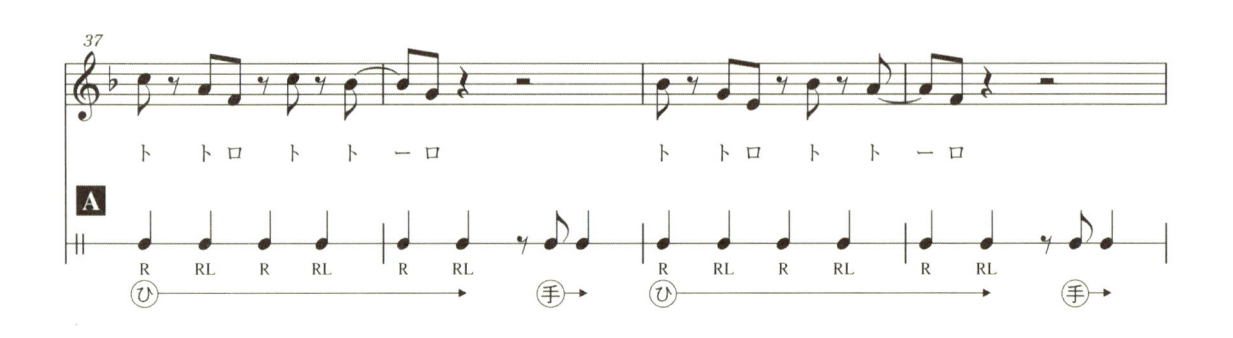

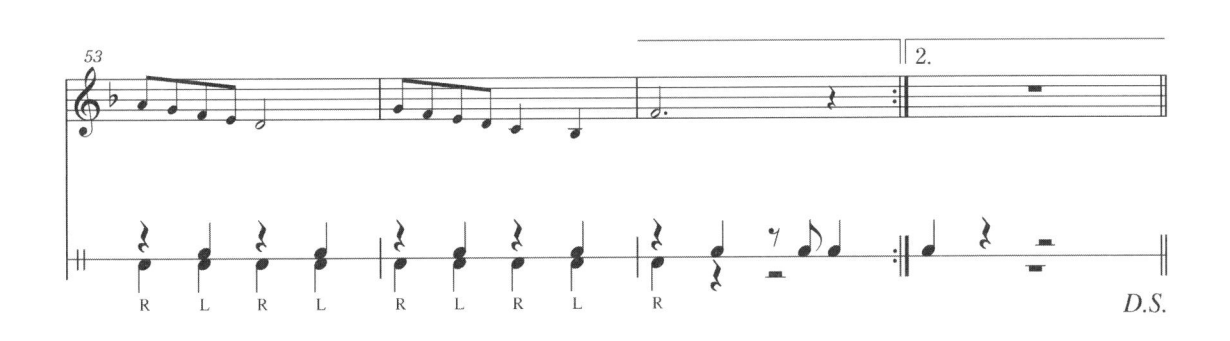

D.S.

Coda

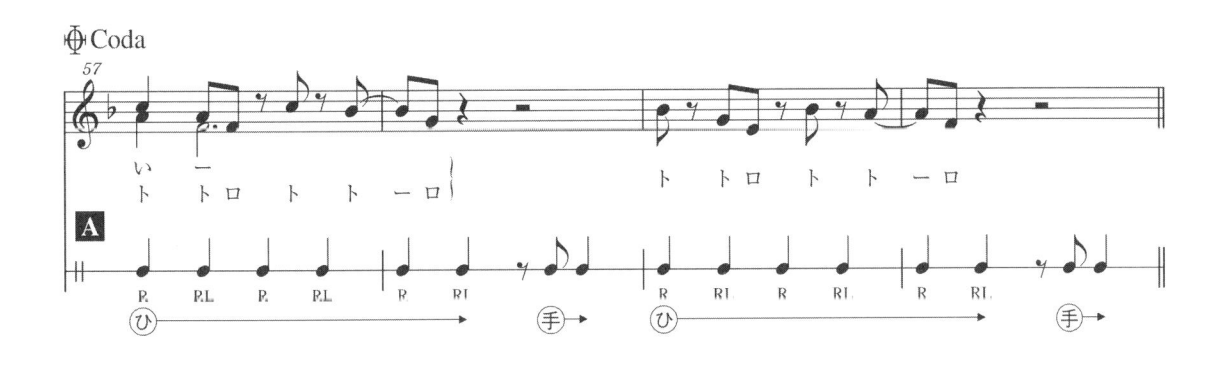

Repeat & F.O.

Q&A ②

Q3

いわゆるグレーゾーンの子どもがいます。他の子どもたちと一緒に楽しく演奏してほしいのですが、指導上配慮すべきことはありますか?

A3　グレーゾーンの子どもたちは、そのときの気持ちによって行動も大きく違ってくると思います。ボディパーカッション活動に興味を持っているか、持っていないか。さらに、その日の気分によっても違ってきます。

　児童がどんな気持ちであったとしても、教師にとって大切なことは、全ての子どもたちが、ボディパーカッションを楽しい活動として行える雰囲気をつくることです。

　そのためには、教師自身が「子どもたちに受容と共感」を示し、「間違えても大丈夫」「上手に演奏できなくても大丈夫」「みんなで楽しむことが大切」という雰囲気づくりをすることが必要なのです。

　ボディパーカッション活動は、「競争」ではなく「協調」であることも忘れずに。

Q4

これまでボディパーカッションをやったことがないのですが、授業で定期的に練習していないとできないものでしょうか?

A4　楽曲の中には時間を掛けなくてもすぐにできる曲もたくさんありますが、繰り返し指導を行った方がより見栄えがする曲もあります。目的(いつ、どんな場所で、どんな行事で)やねらいによって違ってきます。オリジナル曲の場合、長く練習する必要はありません。しかし、発表することを目的にアンサンブルやアドリブを楽しむ場合は、ある程度の練習が必要です。

　私が作曲したボディパーカッション曲は数百曲あります。その中でも最初に生まれた『手拍子の花束』は、段階的に12バージョンあります。易しいバージョンは幼稚園の年中組からすぐに取り組むことができますし、難しいバージョンは「4パートの手拍子と足踏み＋2パートアンサンブル＋4パートアンサンブル＋数人グループのアドリブ＋全体でエンディング」で構成しており、高校生も楽しめます。

　指導方法も対象人数、対象学年によって大きく変わってきます。教師は、子どもの実情に合わせて適切に教材とマッチングさせ、限られた時間の中でステップアップを考え、子どもたちのモチベーションを上げながら完成に近づけていく。これが、教師の醍醐味ではないでしょうか?

　例えば、(1)「校内で子ども同士がお互いの発表を参観する」(2)「授業参観のときに保護者に披露する」(3)「一般の人たちも参観できる演奏会で発表する」とだんだんハードルは上げていくと、子どもたちのモチベーションも上がっていくと思います。

　行事や音楽会などの練習計画は、教師がどこに着地点を置くかを明確にする必要があります。さらに、限られた練習条件の中で、どのような発表を行うかが大きなポイントになります。どうぞ無理をせず、子どもたちの笑顔が持続できる範囲で練習を行ってください。

　聴覚障害の子どもたちと一緒に演奏する場合は、それぞれの指導方法が異なるため、練習方法も別メニューになります。大きな発表のときには数カ月前から計画的に進めてください。

第3章

オリジナル曲で
ボディパ

手拍子ワンダーランド

手 ＝ 手拍子（低は膝の辺り、中はお腹の辺り、高は頭の辺り）
ひ ＝ 膝をたたく（R は右手で右膝、L は左手で左膝）
足 ＝ 足踏み（R は右足、L は左足）　お ＝ 両手でお腹をたたく

山田俊之　作曲

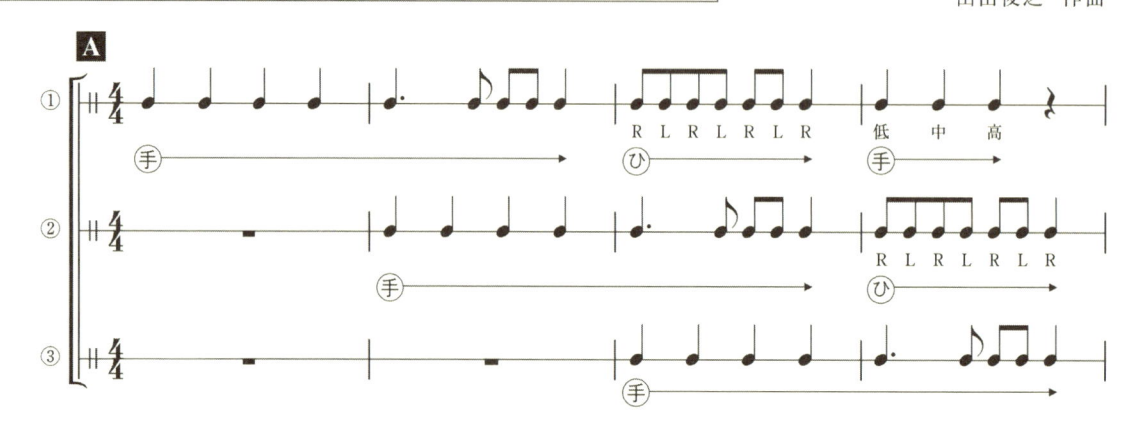

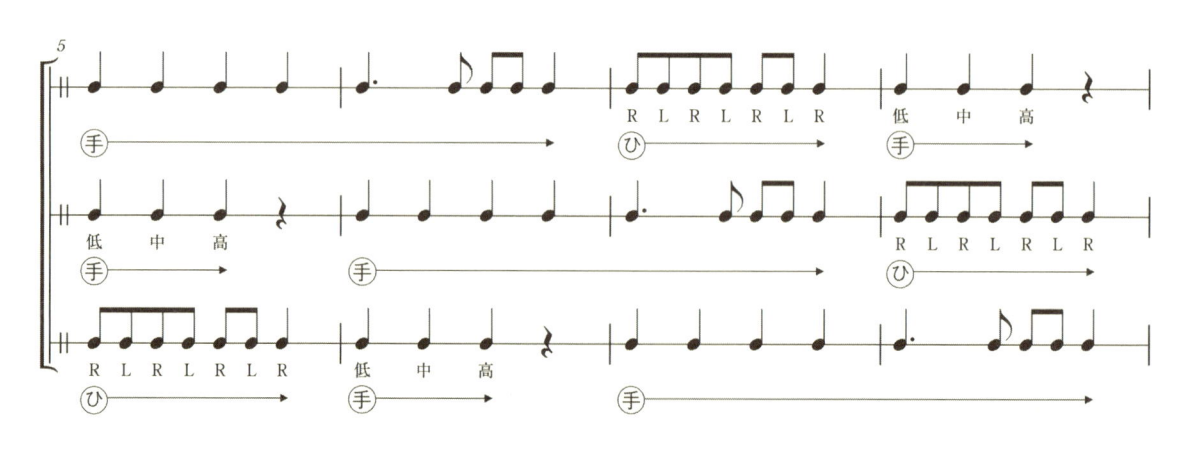

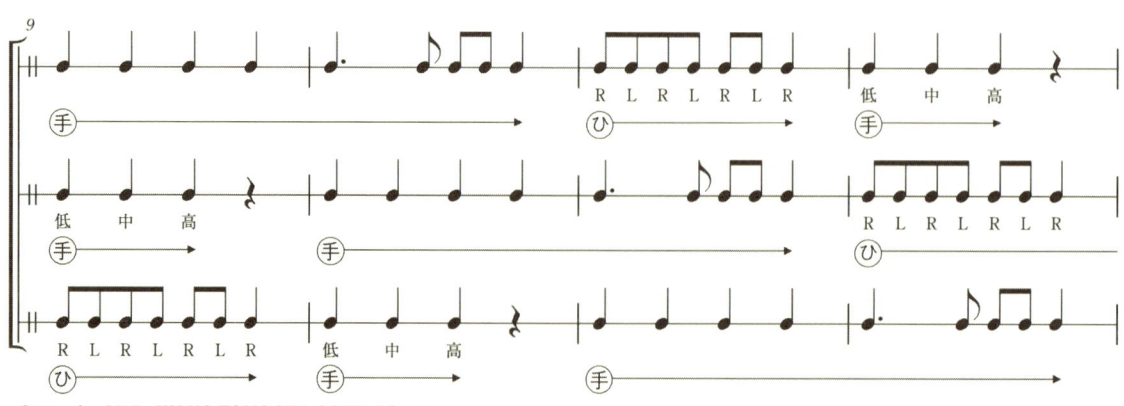

手拍子ワンダーランド

🎵 演奏指導について

1. 全体を3パートに分けます。
2. 全パートが同じリズムパターンを演奏します。三つのリズムを押さえれば簡単に演奏できるようになるので、練習を重ねましょう。

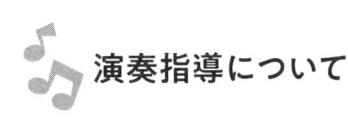
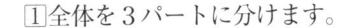

A 4小節で一つのリズムパターン。①パートから順に1小節遅れでリズムパターンを3回演奏する。低中高は、イラストのように1拍目の低は膝の辺り、2拍目の中はお腹の辺り、3拍目の高は頭の辺りで手拍子を打つ。

B 4小節で一つのリズムパターン。**B**は *f*（強く）で特にアクセントが付いている2・4小節目の足踏みは、地面を踏み締めるように力強く演奏する。

C **A**とは逆の順（③パートから①パート）に1小節遅れでリズムパターンを3回演奏する。リズムやたたく部位は**A**と同じ。

D 4小節で一つのリズムパターン。全員が演奏しながら舞台の中央に集まる。クライマックスに向けて音量はできるだけ *pp*（とても弱く）。

E 最終小節は手拍子を打った後、「パーン!!」と大きな声を出して花火を打ち上げるように両手を元気よく広げる。音量は *ff*（とても強く）。

🎵 ポイント

- **A**と**C**はボディパーカッションで「鬼ごっこ」をしているイメージで演奏しましょう。膝をたたく動作は、旋律にアクセントを付ける感じで演奏してみましょう。
- うまく合わなかった子も、最終小節の掛け声だけでも合わせることで一体感や達成感を感じ、グループの所属感（仲間意識）が得られます。

ヴィジュアル・ボディパ

肩 ＝ 両手を胸の前で交差して両肩をたたく　　手 ＝ 手拍子
足 ＝ 足踏み（Rは右足、Lは左足）
お ＝ 両手でお腹をたたく
ひ ＝ 両手で両膝をたたく（Rは右手で右膝、Lは左手で左膝）
尻 ＝ 両手でお尻をたたく（Rは右手で右尻、Lは左手で左尻）

山田俊之　作曲

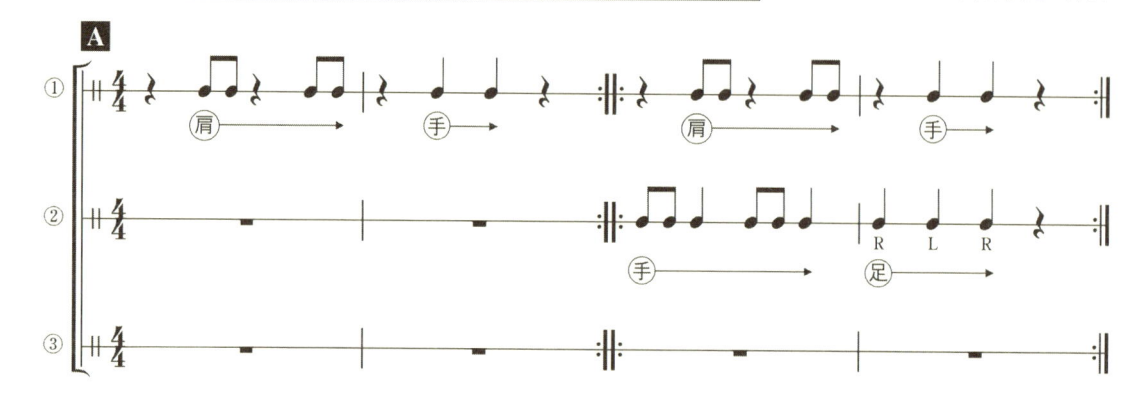

アドリブでパフォーマンス（身体表現）

ヤッ!!

手拍子をしながら中央に集まる

ヴィジュアル・ボディパ

演奏指導について

1 全体を3パートに分けます。

2 ＡＣＤはそれぞれパートのリズムが異なりますので、パートごとに練習しましょう。全パート同じリズムを演奏するＢＥはみんなで一緒に練習します。

Ａ 2小節で一つのリズムパターン。①パートから順に4小節遅れで演奏。

Ｂ 4小節で一つのリズムパターン。リズムを刻むようにしっかりとたたく。

Ｃ Ａとは逆の順（③パートから①パート）に4小節遅れで演奏する。リズムやたたく部位はＡと同じ。

Ｄ 4小節で一つのリズムパターン。最初の2小節は全員で大きな掛け声とともに手拍子を打つ。その際に③パートは舞台の中央に集まり、3小節から6拍分のアドリブを行う。7拍目は休み、8拍目で掛け声とともに両手を大きく広げて万歳のポーズ。次の②パートが中央に集まり始めると同時に、③パートは手拍子を打ちながら元の場所へ。②パート①パートも同じように演奏する。

Ｅ しっかりとリズムを刻むように演奏しながら歩き、全員が舞台の中央に集まる（①パートはそのまま中央で演奏を続け、②パート③パートは中央に移動）。最終小節は掛け声とともに両手を大きく広げて万歳のポーズで決める。

ポイント

● 4小節遅れの演奏に入るのが難しい子どもがいる場合は、全パートが同じリズムを演奏するＢＥだけでも演奏できるようになるとよいでしょう。

● Ｄのアドリブはボディパーカッションでなくてもいいので、子どもたちに自由に表現させてください。子どもたちが思い思いに体を動かしてリズムに乗ることが大切です。アドリブが苦手な児童が多い場合は、あらかじめグループごとに動作を考えておくといいでしょう。アドリブの入れ方は、QRコードの映像を参考にしてください。

● ＤとＥの掛け声は、みんなでそろって大きな声で言うと、より一体感が生まれます。

私と小鳥と鈴と with ボディパーカッション

（ボイス＆ボディパーカッション）

金子みすゞ　詩
山田俊之　作曲

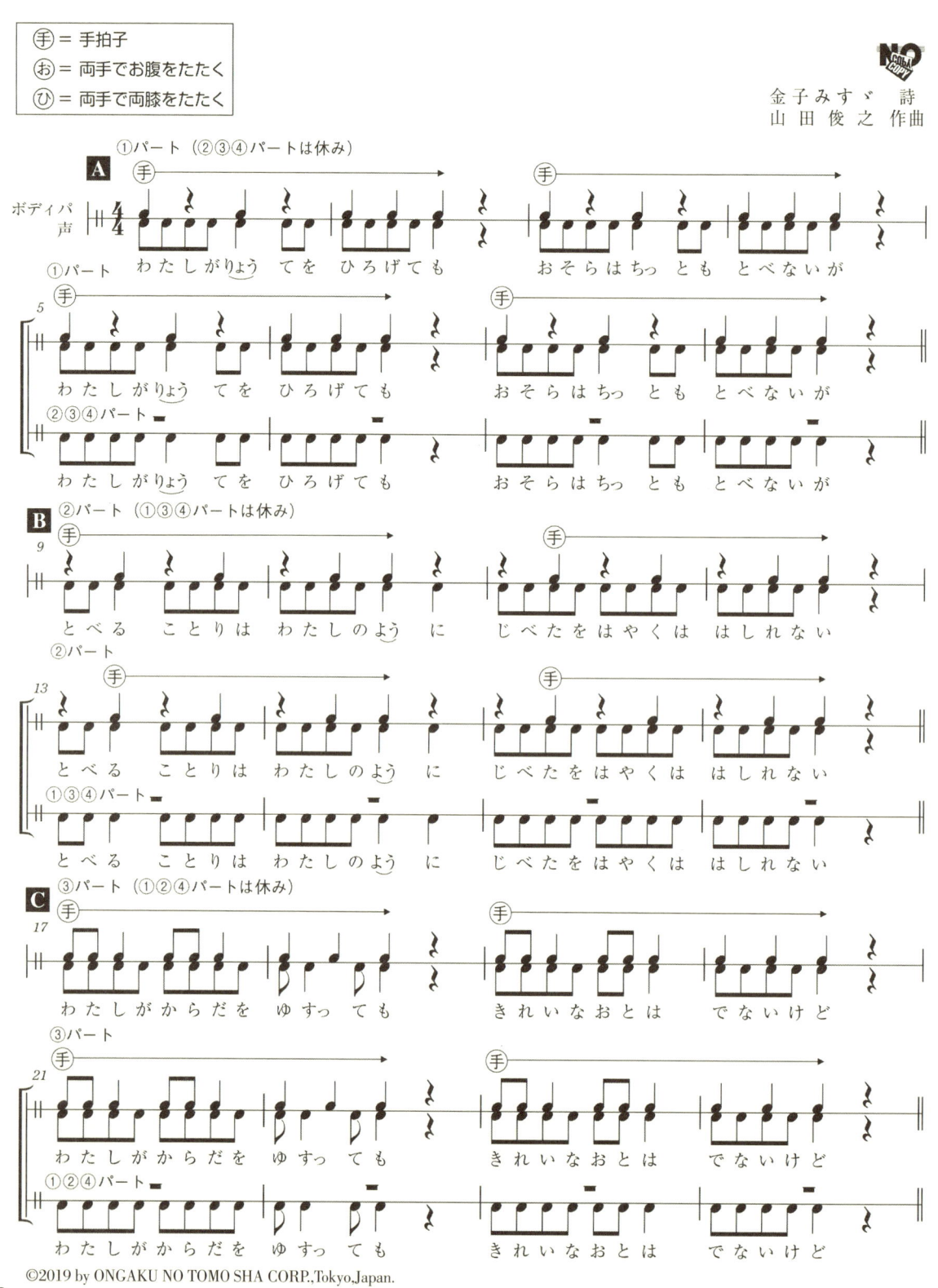

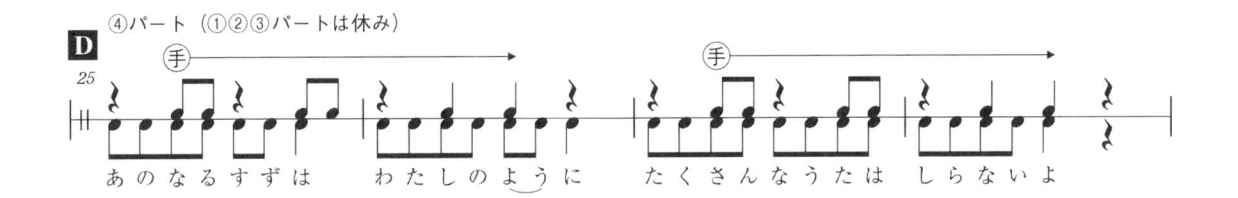

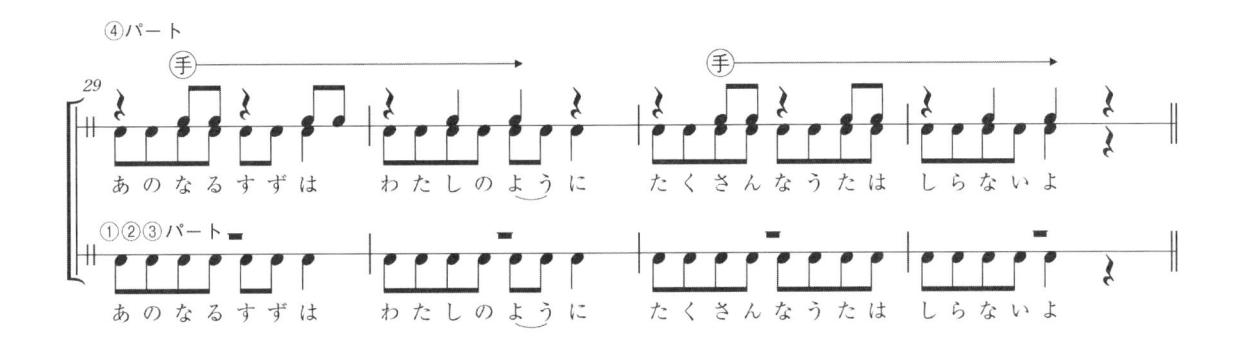

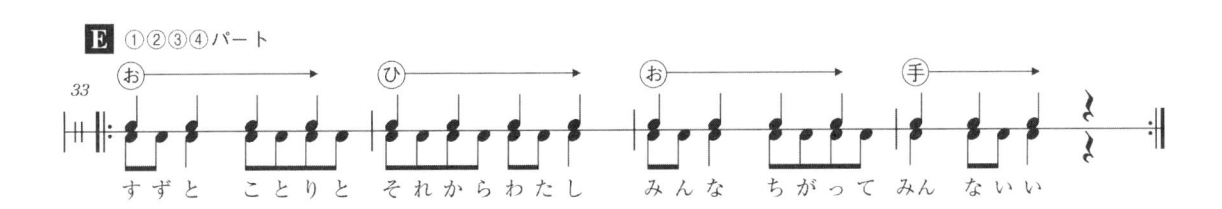

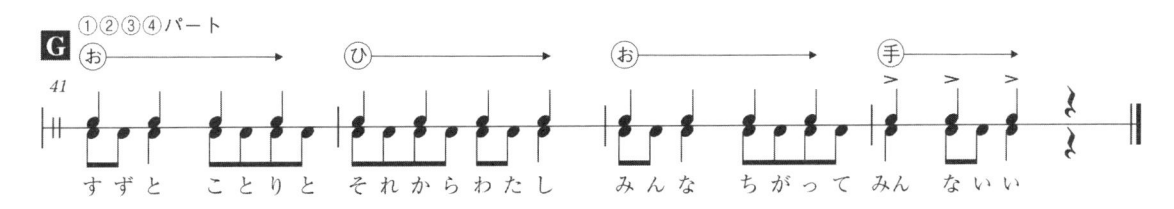

私と小鳥と鈴と with ボディパーカッション

演奏指導について

1 全体を4パートに分けます。

2 ボディパーカッションの練習に入る前に、各パートごとに詩を覚えます。

①パート：歌詞①「私が両手をひろげても、お空はちっとも飛べないが、」

②パート：歌詞②「飛べる小鳥は私のように、地面を速くは走れない。」

③パート：歌詞③「私がからだをゆすっても、きれいな音は出ないけど、」

④パート：歌詞④「あの鳴る鈴は私のように、たくさんな唄は知らないよ。」

全パート：歌詞⑤「鈴と、小鳥と、それから私、みんなちがって、みんないい。」

3 各パートがリードして、表のように演奏します。

	1回目	2回目
A	①パート（手拍子＋歌詞①）	②③④パートも①パートと一緒に歌詞を読む
B	②パート（手拍子＋歌詞②）	①③④パートも②パートと一緒に歌詞を読む
C	③パート（手拍子＋歌詞③）	①②④パートも③パートと一緒に歌詞を読む
D	④パート（手拍子＋歌詞④）	①②③パートも④パートと一緒に歌詞を読む

4 各パートのリズムは2小節で一つのリズムパターンです。2小節のリズムを覚えれば簡単に演奏できるようになるので練習しましょう。

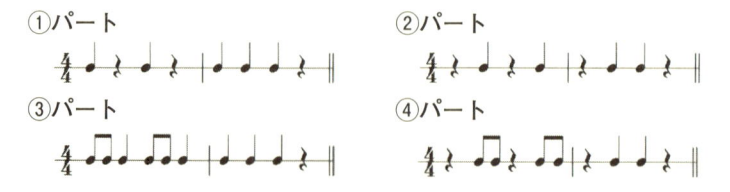

①パート　②パート　③パート　④パート

ポイント

●この曲は、上手に言葉が出なかったり、聴覚障害がある児童に対してもリズムで参加してもらいたいと願ってつくった曲です。そして詩は、今でも私のボディパーカッション活動の支えになっています。

●手拍子が歌詞につられないよう練習を重ねましょう。

●EとGには、お腹や膝をたたく動作が入るので注意しましょう。

●Gの4小節目の手拍子はエンディングを意識するためにアクセントが付いています。

スクランブル花火

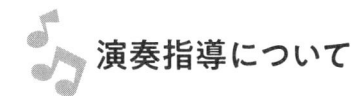

演奏指導について

① 二人組をつくり、全体を4パートに分けます。A～Cまで二人組で向かい合って演奏し、Dから二人組をやめてさらに8パートに分かれます。前もってパート分けをしておきましょう。

② 全パートが同じ4小節で一つのリズムパターンを演奏するので、このリズムパターンを押さえれば簡単に演奏できます。3小節目は足踏みと膝が交互に入るので注意しましょう（A膝、B足踏み、C膝……）。

A 片膝立ちになり、①パートから順に1小節遅れでリズムパターンを4回演奏する。音量は *p*（弱く）。

B 起立し、Aと同じく①パートから順に1小節遅れでリズムパターンを4回演奏する。4小節目は手拍子を打った後、「パーン!!」と大きな声を出して花火を打ち上げるように両手を元気よく広げる。音量は *f*（強く）。

C 全パート同時に演奏。音量は再び *p* に変わるが、3小節目の膝をたたく演奏は元気よく。

D 二人組をやめて全体を8パートに分ける。①パートから順に自由に場所を移動しながら2拍遅れでリズムパターンを3回演奏する。4小節目は手拍子を打った後、「パーン!!」と大きな声を出して花火を打ち上げるように両手を元気よく広げる。音量は *ff*（とても強く）。

E 8パートが同時に演奏しながら舞台の中央に集まる。音量は *pp*（とても弱く）なので、そっと丁寧に演奏する。

F 8パート同時に演奏。最後は手拍子を打った後、「パーン!!」と大きな声を出して花火を打ち上げるように両手を元気よく広げる。音量は *ff*。

ポイント

● 最後の掛け声は、一体感を感じられるようにみんなで一緒に大きな声を出しましょう。

● BとDは、手拍子と足踏み、掛け声によって「花火」が連続して鳴り響くような演奏になり、躍動感あふれる部分です。QRコードから動画を参照し、イメージを膨らませてください。

● Dは、リズムがバラバラにならないよう、あらかじめパートごとに集まってリーダーを決めて一緒に動くとまとまり、見栄えが良くなります。

スクランブル花火

山田俊之　作曲

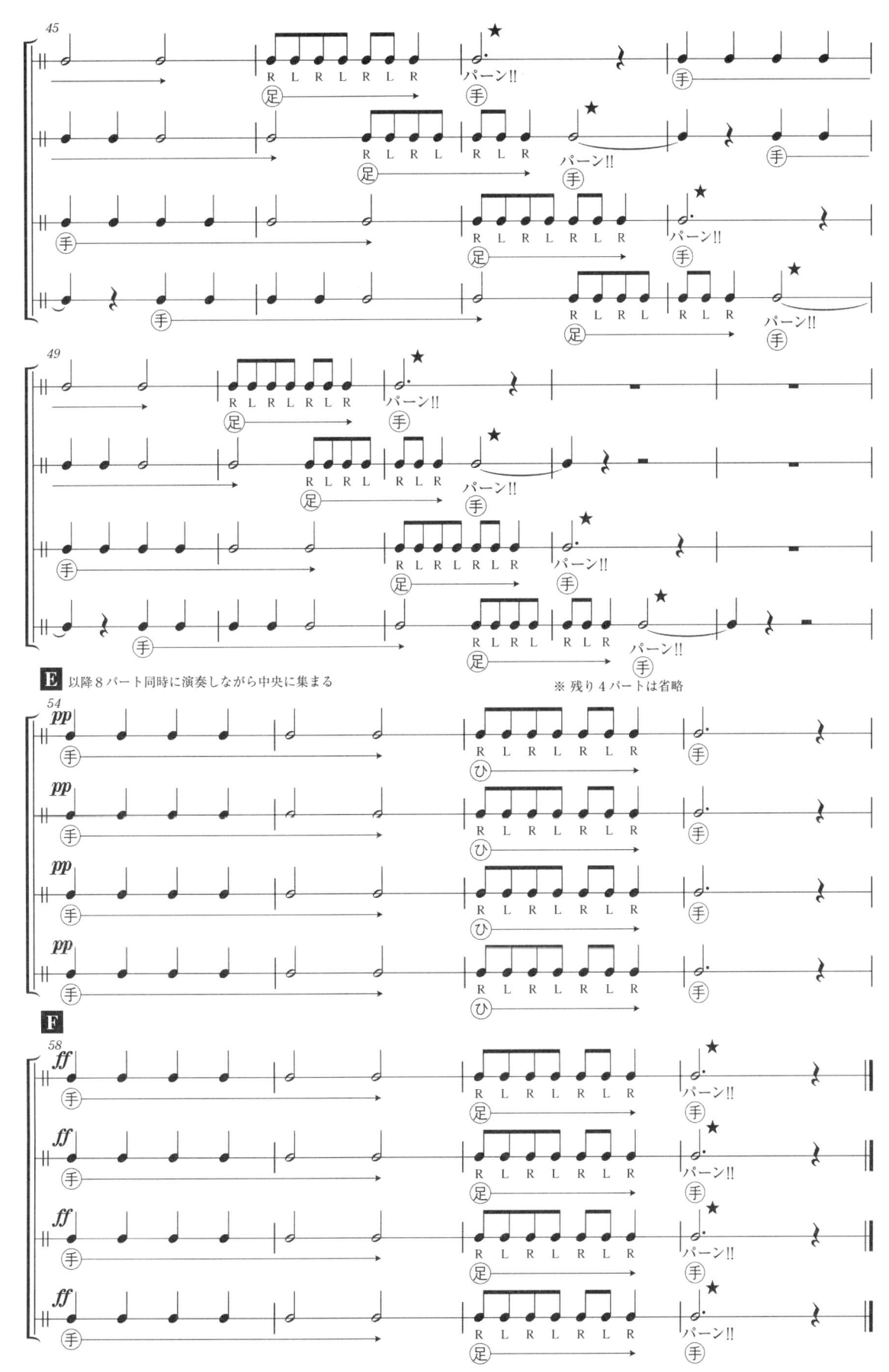

E 以降8パート同時に演奏しながら中央に集まる

※ 残り4パートは省略

スリー・ウェーブ・ボディパ

ひ ＝ 両手で両膝をたたく（R は右手で右膝、L は左手で左膝）

手 ＝ 手拍子　　足 ＝ 足踏み（R は右足、L は左足）

お ＝ 両手でお腹をたたく（R は右手で右腹、L は左手で左腹）

む ＝ 胸をたたく（R は右手で右胸、L は左手で左胸）

す ＝ すねをたたく（R は右手で右すね、L は左手で左すね）

尻 ＝ お尻をたたく（R は右手で右尻、L は左手で左尻）

山田俊之　作曲

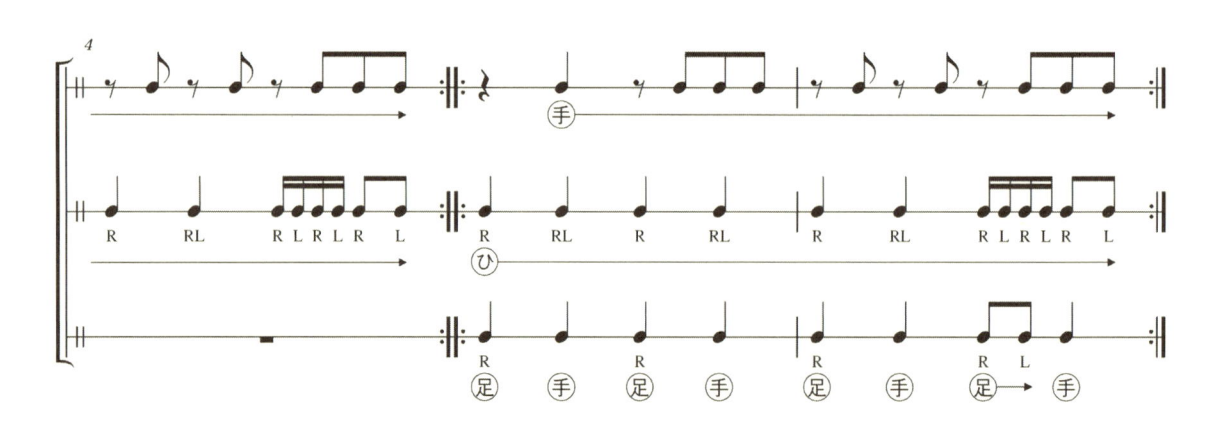

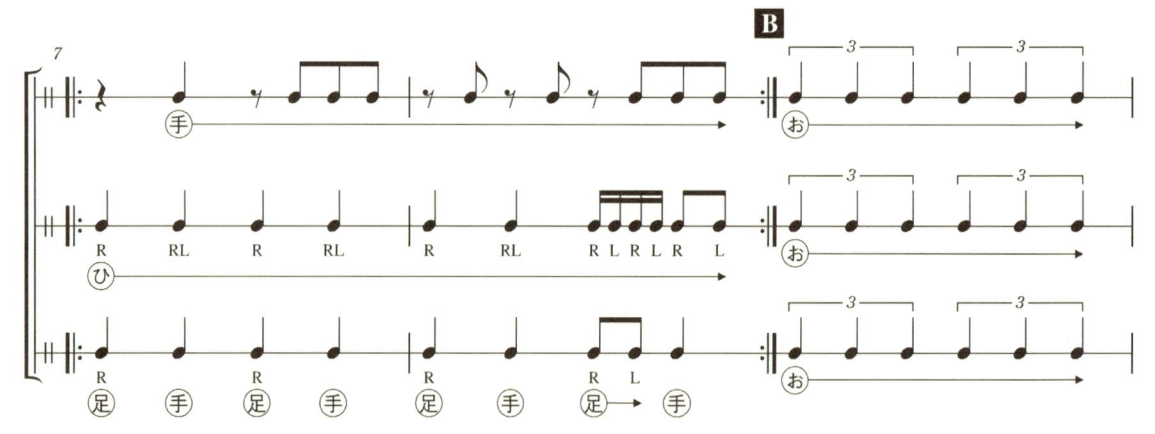

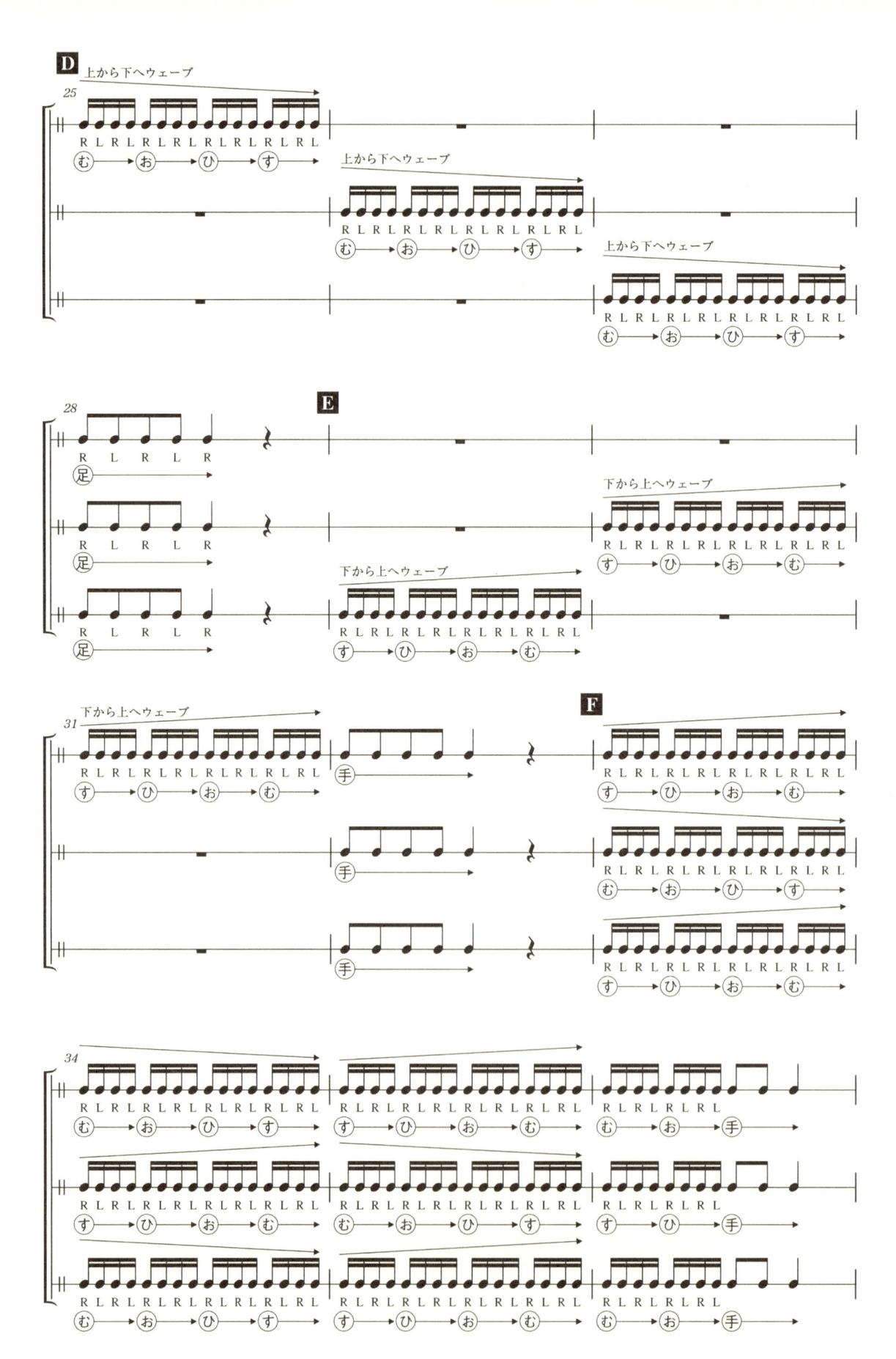

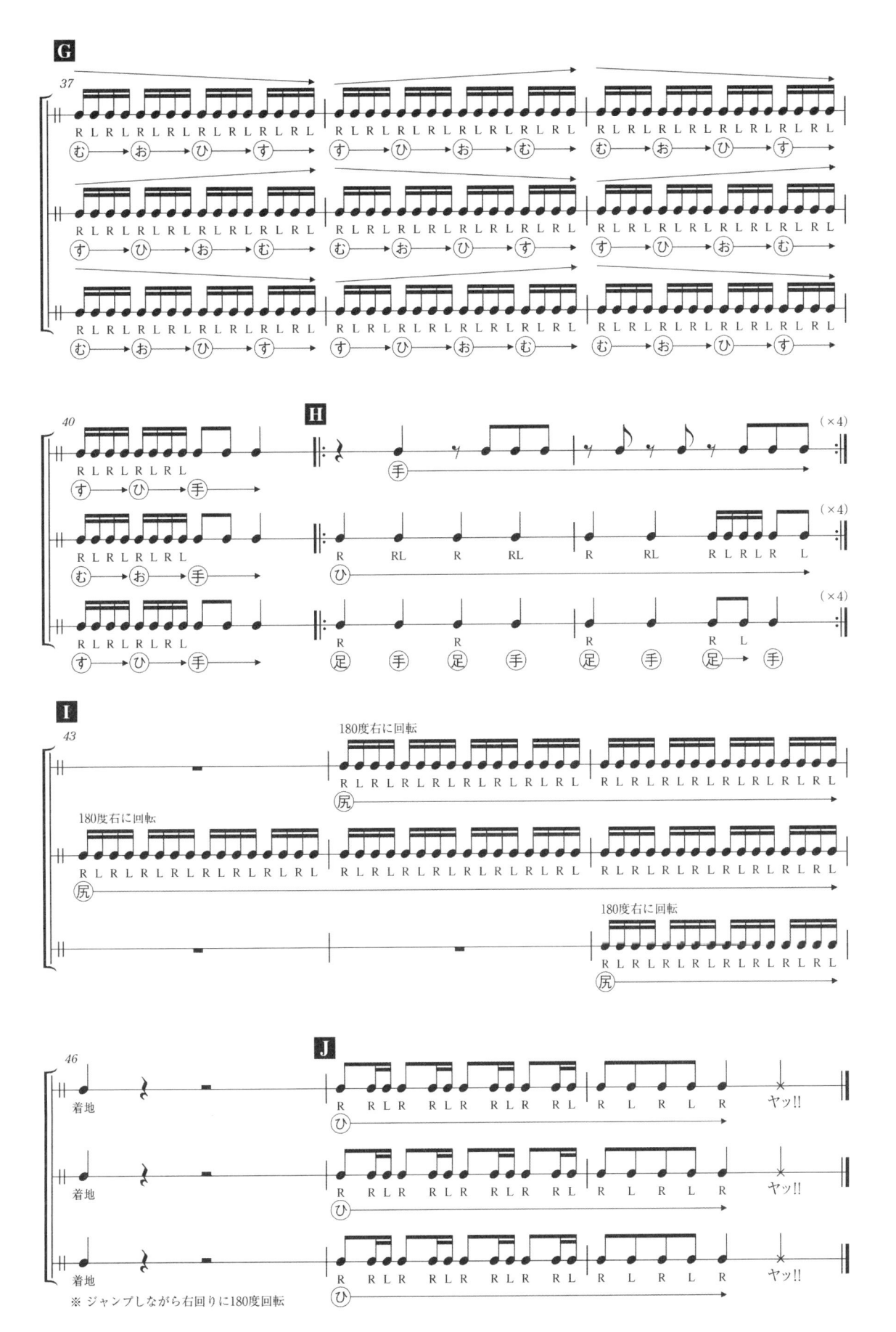

スリー・ウェーブ・ボディパ

**演奏指導について**

□1 全体を3パートに分けます。

□2 リズムが複雑なので、他のパートにつられないようパートごとに練習します。Ⓓ～Ⓖのウェーブ奏法は練習を重ねましょう。

Ⓐ 2小節で一つのリズムパターン。②→①→③の順に4小節遅れで演奏する。

① パート：手拍子のみの演奏。裏拍を取るようにリズムに乗って打つ。

② パート：膝のみの演奏。2小節目の♪♪♪♪は走らないように注意。

③ パート：足踏みと手拍子の演奏。切り替えが難しいが、右足の足踏みは1・3拍目と覚えておくと演奏しやすい。

Ⓑ 全パートが同じリズムを演奏する4小節で一つのリズムパターン。1・3小節目の♪♪♪♪は拍頭にアクセントを付けるイメージでたたく。2小節目の♪♪♪♪♪♪はリズムが崩れないように注意。

Ⓒ Ⓐと同じリズムを③→①→②の順に4小節遅れで演奏する。

Ⓓ ①パートから順に1小節遅れでウェーブ演奏に入る。上から下へ動作がスムーズに流れるように演奏する。

Ⓔ Ⓓとは逆の順（③パートから①パート）に1小節遅れでウェーブ演奏に入る。下から上へ動作がスムーズに流れるように演奏する。

Ⓕ 全パート同時のウェーブ演奏。①③パートはすねから胸、胸からすね、②パートは胸からすね、すねから胸をたたく。

Ⓖ Ⓕとは逆の順番の部位を演奏するウェーブ奏法。

Ⓗ ⒶⒸのリズムパターンを3パート同時に8回演奏する。

Ⓘ ②→①→③の順に、1小節遅れで180度右回りに回転しながらお尻をたたく。4小節目は全員でジャンプしながら180度右回りに回転して1拍目で両足を着地させる。

Ⓙ 最後は掛け声とともに両手を大きく広げて万歳のポーズで決める。

**ポイント**

● 最後の掛け声は一体感を感じられるように、みんなで一緒に大きな声を出しましょう。

● ウェーブ奏法は、指示通り部位を正確にたたくことに集中するのではなく、波が寄せては返すかのような流れる動作にすることが重要です。

ボディパで
アイスブレイク

おまけ

リズム DE 自己紹介

（ボイス＋手拍子アンサンブル）

山田俊之 作詞 作曲

リズム DE 自己紹介

活用場面

●クラス替えが行われる新学期、長期的な休み明け、普段関わりのない児童同士で活動をする場合

　子どもは新しい環境に慣れようと、相手の顔色や行動（自分に対する振る舞い）を見て、その場の雰囲気を感じ取りながら行動します。そして自分のことを少しでも知ってもらおうと相手に話し掛けますが、これは意外と勇気がいるものです。そんなきっかけづくりに、この曲を使って名前と自分の好きな物を伝え、自己アピールしてもらいたいと思います。手拍子と言葉を交えたリズムアンサンブルは、不思議と相手と気持ちが同調し、心が一つになっていきます。これが子どもにとっての安心感や所属感（仲間意識）につながるのです。

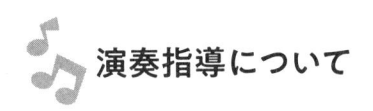

演奏指導について

1. 3人グループをつくります。自己紹介をする人は①パート、自己紹介を聞く人は②③パートを演奏します。
2. ①パートが**A**を演奏した後、**B**から②③パートが加わります。**C**は3人が同じリズムを演奏します。リズミカルに手拍子を打ってみましょう。**D**は②③パートが二人で①パートに「○○さん　ハイどうぞ」と手拍子を打ちながら呼び掛けます。その呼び掛けに応えるように、**E**では①パートが「私の名前は○○です。○○○が大好きです」と同じく手拍子を打ちながら自己紹介をします。
3. ①パートの自己紹介が終わったら、パートを交代して**A**に戻り、3人が自己紹介を終えるまで繰り返してください。一通り終わったら3人グループのメンバーを変えて繰り返し行うと楽しいでしょう。

ポイント

●聞く人の人数を変えれば、さまざまな人数のグループで楽しめます。
●「好きな物」は、食べ物・動物・キャラクター・スポーツなど、あらゆるジャンルの中から子どもたちが一番素直に言える内容を発表させます。その際には、元気に自己アピールするよう指導をしてください。

例）「野球をするのが大好きです」「ケーキやチョコが大好きです」「本を読むのが大好きです」「ダンスをするのが大好きです」など

手びょうし おいかけっこ
（手拍子アンサンブル）

山田俊之　作曲

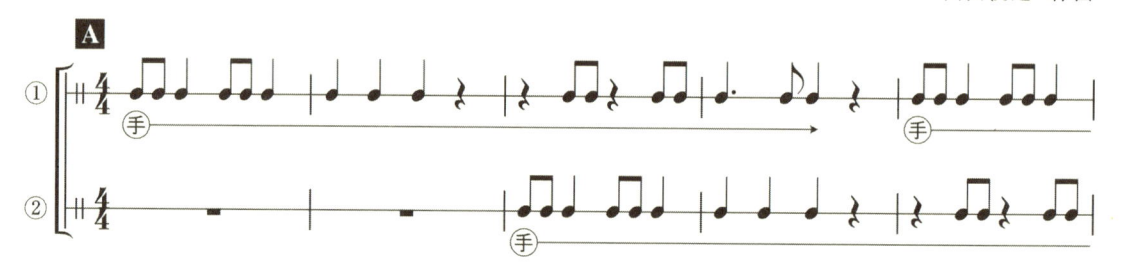

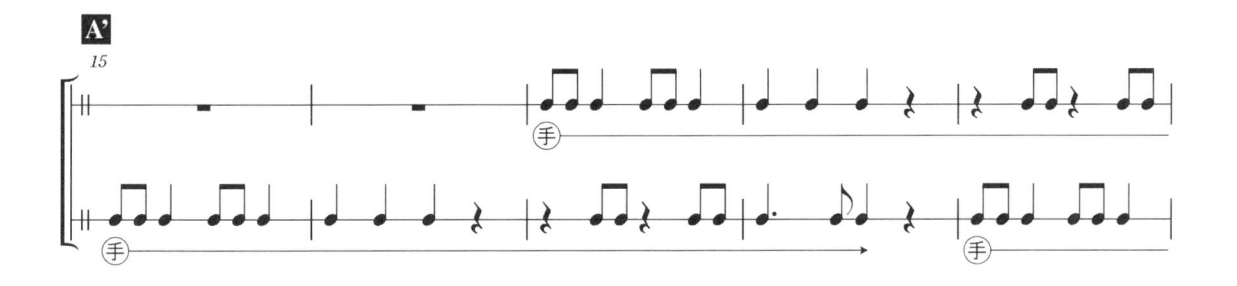

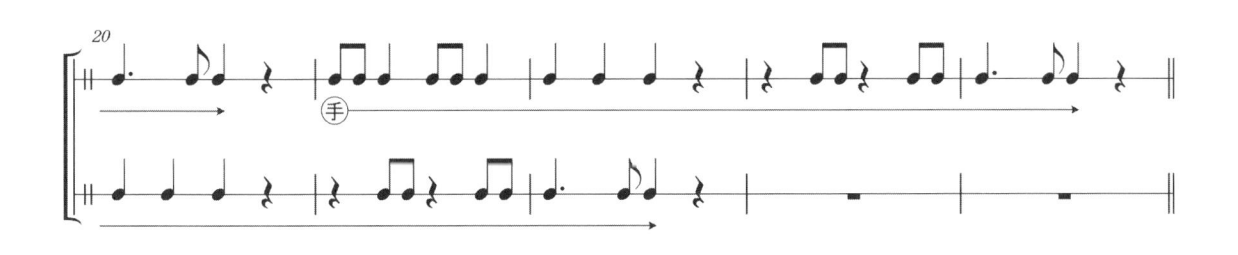

手びょうし　おいかけっこ

活用場面

●学級、学年、音楽会、音楽集会など、大人数で活動する場合

　下記の三つのリズムパターンを演奏するだけで、大人数でも簡単に合奏ができます。演奏の入りが苦手な子どもにとって、遅れて演奏に入るのはとても気が楽な演奏方法です。自分が演奏を始めるときにすでに音が出ていると、安心して演奏に入れることが多いのです。自信のある子はいきなり音を出しても平気かもしれませんが、「間違えたらどうしよう!」「ずれたらどうしよう!」と不安な子にとっては大きなプレッシャーになります。

演奏指導について

① 全体を2パートに分けます。

② 2パート共に演奏するリズムパターンは同じなので、まずはおおよそ全員が一緒にできるようになるまで練習してください。それから合わせましょう。

ポイント

●♩♫♩♫の1拍目と3拍目の休みを意識してください。

●A は、2パートが同じリズムを「逃げる方」と「追い掛ける方」で2回繰り返しますが、A では立場が逆になるので注意しましょう。

●B と B'の4小節目の掛け声は、全員でそろって大きな声を出しましょう。演奏がうまくできなかった子も、この掛け声をそろえることで一体感が得られるからです。

●B'では、2パートのリズムパターンが B と入れ替わっているので気を付けましょう。

おわりに

皆さん、ボディパーカッションをお楽しみいただけたでしょうか？

本書教材は「手軽に指導ができ、障害の有無にかかわらず、全ての子どもたちが楽しく活動できる」ことをテーマに作成しました。「音が聞こえにくい子どもたちも一緒に音楽を楽しめる教材」としても活用していただきたいと願っています。

「音が聞こえない子どもたちは音楽を楽しめるのだろうか？　この壁を越えたい！」

ボディパーカッションを始めて10年が過ぎ、気付けば健常児、知的障害児、視覚障害児、肢体不自由児など、全ての子どもたちがボディパーカッションを通して音楽を楽しんでくれました。しかし、「聴覚障害の壁は越えられるのだろうか？」という疑問は消えませんでした。

1997年春、福岡県立久留米聴覚特別支援学校の授業参観をさせていただきました。授業では、先生の指揮を見ながら7人の子どもたちがキーボードパーカッションなどで『卒業写真』（荒井由実作曲）を演奏していました。授業後、先生に「子どもたちは自分が演奏している音は聞こえていますか？」と尋ねると、「ほとんど聞こえていないと思います。多分、楽器の音ではなく、ザーという雑音のような音かもしれません」ということでした。この壁が超えられたら「全ての子どもたちが音楽を楽しめる！」と考え指導を重ねていった結果、子どもたちは体で感じる振動が音に代わることでますます音楽を楽しめるようになり、ついにはＮＨＫ交響楽団との共演も実現することができました。2019年現在も「デフボディパーカッションクラブ」は継続しています。

「音楽教育を知らないカンボジアの子どもたちへ　言葉と文化の壁を越えたい！」

2015年から、認定NPO法人JHP・学校をつくる会やカンボジアの教育・青少年・スポーツ省の方々と一緒にカンボジアの教育支援に取り組んでいます。カンボジアの学校は楽器がほとんどなく、教師も子どもたちも音楽を学ぶ機会がありません。電気が通っていない学校も多く、環境も劣悪です。しかし、ボディパーカッションなら「楽器がなくても、楽譜が読めなくても、音楽に取り組めるのでは？」と考えチャレンジしています。言葉も文化も全く違う国での活動ですが、子どもたちの瞳は輝いています。2018・19年にはカンボジアスタディツアーを実施し、さまざまな大学の学生が参加してくれました。

今回の出版にあたりましては、音楽之友社『教育音楽』星野隆行編集長をはじめ、編集部の皆さま、連載のきっかけを与えていただいた岸田雅子様、現在も『教育音楽・小学版』で連載中の「山ちゃんの楽しいリズムスクール」を担当していただいている加藤紗貴様には曲の選択、内容の編集などお力添えいただき心から感謝申し上げます。

詳しい活動内容は「ボディパーカッション教育振興会」のホームページをご覧ください。

2019年（令和元年）6月22日

山田俊之（自宅にて）

［著者略歴］山田俊之（やまだ・としゆき）

九州大谷短期大学教授。九州大学大学院人間環境学府博士後期課程満期修了（教育学）。九州大学教育学部非常勤講師、九州女子短期大学教授を経て現職。（一社）ボディパーカッション教育振興会理事代表。1986年、小学校教師のときにリズム身体活動「山ちゃんの楽しいリズムスクール」を始め「ボディパーカッション教育」を考案する。
2005年に平成17年度小学校3年音楽科教科書「音楽のおくりもの」（教育出版）に『花火』、2013年に平成24年度特別支援教育用中学部音楽科教科書「音楽☆☆☆☆」（文部科学省編集）に『手拍子の花束』が採用される。2009年「聴覚障害があっても音楽は楽しめる〜言葉の壁を越えたボディパーカッション教育〜」がNHK障害福祉賞最優秀賞を受賞。2011年、読売教育賞最優秀賞（特別支援教育部門）を受賞。2001、2004、2006年にNHK交響楽団トップメンバーと「クラシックの名曲でボディパーカッション」を企画・共演し、その指揮を務める。現在、日本国内のみならず、オーストリア（2017、2018年ウィーン国立歌劇場）での作品発表、2015年よりカンボジアへの教育支援など、世界規模でボディパーカッション教育の普及に努めている。また、現在も『教育音楽　小学版』の連載を執筆中。
著書：『〔音楽指導ハンドブック〕ボディパーカッション入門　体を使った新しいリズム表現』『体がすべて楽器です！楽しいボディパーカッション1リズムで遊ぼう』『同2 山ちゃんのリズムスクール』『同3リズムで発表会』『体がすべて楽器です！ザ・ボディパーカッション　ほかほかパン屋さん』『同 ケチャ風お茶づけ』『同 B級グルメパーティ』『決定版！すべての人におくるボディパーカッションBEST』『発表会を名曲で楽しく演出！ピアノde ボディパーカッション』『行事が盛り上がる！山ちゃんの楽しいボディパーカッション』（以上、音楽之友社）

●ボディパーカッション教育振興会へのお問い合わせ　body@tebyoushi.com

行事が盛り上がる！
山ちゃんの楽しいボディパーカッション

2019年8月10日　第1刷発行
2023年8月31日　第4刷発行

著　者　山田俊之
発行者　堀内久美雄
発行所　株式会社　音楽之友社
　　　　〒162-8716 東京都新宿区神楽坂6-30
　　　　電話　03（3235）2111（代）
　　　　振替　00170-4-196250
　　　　https://www.ongakunotomo.co.jp/
装丁・本文デザイン・イラスト・組版　田中小百合（osuzudesign）
楽譜制作　（株）ホッタガクフ
印　刷　星野精版印刷（株）
製　本　（株）ブロケード